Für Anna von Mama

Regine Schindler

Gute Nacht, Anna

Bilder von Ivan Gantschev

Verlag Ernst Kaufmann

„Erzähl mir eine Abendgeschichte, Mama."
Die Mutter schüttelt den Kopf.
„Erzähl du mir von dir, Anna!"
„Eine Geschichte von heute?"
„Ja, deine eigene Abendgeschichte."
Anna denkt nach und erzählt:

Heute mittag wurde es dunkel, fast schwarz am Himmel. Es rumpelte und pumpelte und krachte da oben. Der liebe Gott macht Lärm, dachte ich. Ich hatte Angst. Ich machte die Augen zu. Doch der Blitz war so hell, daß er durch meine Augendeckel hindurchleuchtete. Und dann tropfte es. Es tropfte immer stärker, immer schneller, bis es rauschte. Das Rumpeln, Pumpeln und Krachen hatte aufgehört. Ich habe die Augen aufgemacht. Da hast du gesagt: „Das ist aber ein Gewitter!" Es regnete, regnete...

„Ja, Anna, der Regen war gut. Wollen wir deine Geschichte mitnehmen in unser Abendgebet?"

Großer Gott,
du hast den Himmel gemacht,
auch den Donner, den Blitz und den Regen.
Wir hören dich nicht.
Aber du bist bei uns.
Wir danken dir, daß der Blitz nirgends eingeschlagen hat.
Wir danken dir für den Regen und für die Sonne.
Gute Nacht, mein Gott. Amen.

Gute Nacht, Anna! Gute Nacht, Mama!

„Erzähl mir eine Abendgeschichte, Anna!
Anna schüttelt den Kopf.
„Erzähl du mir von dir, Mama!"
„Eine Geschichte von heute?"
„Ja, deine eigene Abendgeschichte."
Die Mutter denkt nach und erzählt:

Heute, als du im Kindergarten warst, habe ich im Garten geharkt. Ich habe Samenkörner in die Erde gesteckt. Die Erde war schon ganz warm von der Frühlingssonne. Warm und feucht und weich. Aber plötzlich kitzelte mich etwas an meinem Zeigefinger, ganz vorn an der Fingerspitze. Und da krabbelte ein Käfer an die Oberfläche. Sein Panzer glitzerte in der Sonne, grün und golden. Die kleinen Erdhügel waren für ihn wie Berge.
Da strich ich die Erde glatt, klopfte sie fest, damit die Samen gut halten und ein warmes Bett haben. „Auf Wiedersehen, kleiner Käfer", sagte ich. „Soll ich Anna einen Gruß von dir sagen?" Sein winziger Kopf wackelte auf und ab. Und das hieß sicher: Ja natürlich, sag Anna einen dicken Gruß von mir, auch von der Erde, den Regenwürmern und den Samen.

„Danke für den Gruß!" Anna lacht. „Der Käfer kann doch nicht reden!"
Die Mutter lacht auch und sagt:
„Wollen wir diese Geschichte mitnehmen in unser Abendgebet?"

Lieber Gott,
für die Erde danken wir dir,
für die Samen, für die Tiere,
auch für die allerkleinsten.
Den Käfer hast du wunderbar gemacht,
grün und glitzernd.
Auch mich hast du wunderbar gemacht.
Wir danken dir.
Laß aus den Samen Pflanzen wachsen.
Laß auch Anna wachsen.
Und laß uns schlafen wie die Samen in der warmen Erde. Amen.

Gute Nacht, Mama! Gute Nacht, Anna!

„Erzähl mir eine Abendgeschichte, Papa!"
Der Vater schüttelt den Kopf.
„Erzähl du mir von dir, Anna!"
„Eine Geschichte von heute?"
„Ja, deine eigene Abendgeschichte."
Anna denkt nach und erzählt:

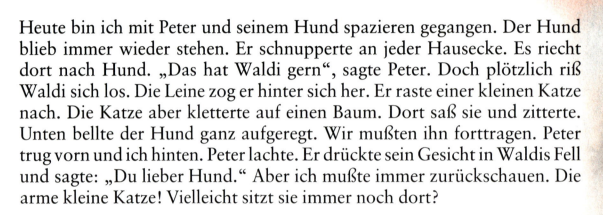

Heute bin ich mit Peter und seinem Hund spazieren gegangen. Der Hund blieb immer wieder stehen. Er schnupperte an jeder Hausecke. Es riecht dort nach Hund. „Das hat Waldi gern", sagte Peter. Doch plötzlich riß Waldi sich los. Die Leine zog er hinter sich her. Er raste einer kleinen Katze nach. Die Katze aber kletterte auf einen Baum. Dort saß sie und zitterte. Unten bellte der Hund ganz aufgeregt. Wir mußten ihn forttragen. Peter trug vorn und ich hinten. Peter lachte. Er drückte sein Gesicht in Waldis Fell und sagte: „Du lieber Hund." Aber ich mußte immer zurückschauen. Die arme kleine Katze! Vielleicht sitzt sie immer noch dort?

Der Vater lacht. „Sicher ist die kleine Katze längst zu Hause. Vielleicht hat die Katzenmutter sie geholt. Wollen wir deine Geschichte mitnehmen in unser Abendgebet?"

Gott,
du hast uns Hunde und Katzen gegeben,
auch viele andere Tiere.
Wir können sie lieb haben,
wir können sie streicheln,
wir können unser Gesicht in ihr weiches Fell drücken.
Warum kämpfen die Tiere miteinander,
auch Große gegen Kleine?
Das möchten wir dich fragen, lieber Gott.
Laß uns gut schlafen in dieser Nacht
und gib der Katze mit ihren Nachtaugen
einen schönen Nachtspaziergang. Amen.

Gute Nacht, Anna! Gute Nacht, Papa!

„Erzähl mir eine Abendgeschichte, Anna!"
Anna schaut den Vater lachend an.
„Heute bist du dran, Papa. Erzähl du mir von dir!"
„Eine Geschichte von heute?"
„Ja, deine eigene Abendgeschichte."
Der Vater denkt nach und erzählt:

Als ich heute nachmittag den Weg vor dem Haus kehrte, zuckte ich plötzlich zusammen. Tü-ta-tü-ta hallte es durch die Straße. Zehn Feuerwehrautos fuhren vorbei, alle rot und glänzend. Und dann kam auch noch das Krankenauto: weiß mit rotem Kreuz. Das Blaulicht drehte sich schnell. Was war passiert? Hinter der Kirche leuchtete es rot und orange und gelb. War dort Feuer? Ich ging hin. Ich wollte helfen. Die Männer spritzten aus dicken Schläuchen. Die Feuerwehrleiter ragte fast bis in den Himmel. Aber es brannte nicht. Und der Mann, der dick eingepackt auf der Bahre ins Krankenauto getragen wurde, lachte und rief: „Guten Tag, Hans, kennst du mich?" Er war ganz gesund. Es war nur eine Feuerwehrübung! Hinter der Kirche aber ging gerade die Sonne unter: rot – orange – gelb.

„Das war eine lustige Geschichte, Papa. Kann man die auch hineinnehmen ins Abendgebet?" Papa nickt. „Wir wollen es versuchen, Anna."

Starker Gott,
die Menschen erfinden Feuerwehrschläuche,
auch Krankenautos und komplizierte Maschinen.
Wir Menschen sind gute Erfinder.
Aber du, großer Gott, hast uns Menschen erfunden
mit unsern Händen, unserm Kopf,
gut hast du uns gemacht.
Du bist unser Schöpfer, besser als alle Erfinder.
Danke, großer Gott! Amen.

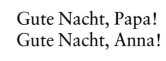

Gute Nacht, Papa!
Gute Nacht, Anna!

„Erzähl mir eine Abendgeschichte, Mama!"
Die Mutter schüttelt den Kopf.
„Erzähl du mir von dir, Anna!"
„Eine Geschichte von heute?"
„Ja, deine eigene Abendgeschichte."
Anna denkt nach und erzählt:

Im Kindergarten war heute Streit. Tobias und Markus waren plötzlich in der Puppenecke. „Das dürft ihr nicht, ihr seid Buben", sagte Sabine. „Weg da, die Puppen gehören uns." Frau Winter sagte: „Laßt sie!" Aber wir Mädchen machten den Turm kaputt, den Turm aus den Bauklötzen. Den hatte Markus gebaut. Und jetzt gab es Krach. Markus riß Sabine an den Haaren. Da fiel auch noch der andere Turm um, auch der Puppenwagen. Sabine weinte, Markus weinte. Doch Tobias spielte im Garten ganz allein mit der schönsten Puppe. Ich sah ihn plötzlich durchs Fenster. Ich schlich hinaus, und wir spielten zusammen. Das war echt gut. Sein kleines Auto darf ich bis morgen behalten.

„Ich finde das auch echt gut, Anna. Wollen wir deine Geschichte mitnehmen ins Gebet?"

Guter Gott,
du hast die Menschen als Mädchen und Jungen gemacht,
als Männer und Frauen, Väter und Mütter.
Auch den Jungen gibst du zarte Hände zum Streicheln.
Wir sind nicht so verschieden,
wie wir oft meinen.
Laß uns gemeinsam den Frieden bauen wie einen schönen Turm!
Hilf uns! Amen!

Gute Nacht, Anna! Gute Nacht, Mama!

„Erzähl mir eine Abendgeschichte, Anna!"
Anna schüttelt den Kopf.
„Erzähl du mir von dir, Mama!"
„Eine Geschichte von heute?"
„Ja, deine eigene Abendgeschichte."
Die Mutter denkt nach und erzählt:

Ich bin heute in der Straßenbahn gefahren. Gegenüber saß eine Frau mit einem dunklen Kopftuch. Neben ihr saß ein kleines Mädchen. Es hatte auch ein Kopftuch umgebunden. Es lachte und schlenkerte seine Beine hin und her. Die Frau mit dem dunklen Kopftuch legte ihre Hände auf die Beine des Kindes. Sie sagte etwas in einer fremden Sprache. Das hieß wohl: Hör auf! Das Mädchen schlenkerte weiter. Da berührte ihre staubige Sandale ganz leicht die dunkle Hose des Herrn, der neben mir saß. Er wurde wütend, stand auf und schrie die Frau an: „Können Sie nicht besser aufpassen? Ich habe genug von diesem Türkenpack!" Er strich mit der Hand über seine Hose und verließ die Bahn. Ich wollte die Frau trösten. Aber sie verstand mich nicht. Ihre Augen waren naß.

„Anna, wollen wir sie mitnehmen in unser Gebet, diese Frau?" Anna nickt.
„Ja, und das Mädchen auch", flüstert sie.

Jesus,
zu dir wollen wir beten,
du bist zu den Menschen gegangen,
die niemand lieb hatte.
Zu den Menschen, die anders waren,
zu denen, die eine fremde Sprache redeten.
Du hast gesagt: Sie gehören auch dazu.
Wir möchten es machen wie du.
Das ist schwer.
Hilf uns! Amen.

Gute Nacht, Mama! Gute Nacht, Anna!

„Erzähl mir eine Abendgeschichte, Anna!"
Anna schaut den Vater lachend an. „Heute bist du dran, Papa.
Erzähl du mir von dir!"
„Eine Geschichte von heute?"
„Ja, deine eigene Abendgeschichte."
Der Vater denkt nach und erzählt:

In der letzten Nacht, Anna, fuhr ich sehr spät nach Hause. Die Straßen waren leer. Nur ein Tier huschte über die Landstraße. Zuerst dachte ich: Das ist eine Katze. Aber der Schwanz war dicker, die Schnauze spitzer. Es war ein kleiner Fuchs. Den möchte ich gern Anna zeigen, dachte ich.
Als ich vom Auto zum Haus ging, wurde es auf einmal ganz finster. Aber nur ganz kurz. Dann leuchtete in der Dunkelheit ein einzelnes Licht auf. Es war dunkelgelb und riesengroß. Wer hatte diese Lampe plötzlich angezündet? Doch schon löschte sie wieder aus. Erst später, als ich aus dem Küchenfenster schaute, sah ich sie wieder. Sie hing am Himmel. Und ich wußte: Die Riesenlampe ist der Mond. Wolken zogen an ihm vorüber. Ich schaute noch lange aus dem Fenster.

Anna seufzt: „Ja, der Mond. Er ist schön." Und der Vater sagt: „Wollen wir heute das Lied vom Mond singen? Es ist wie ein Abendgebet." Und sie singen zusammen:

Der Mond ist aufgegangen,
die goldnen Sternlein prangen
am Himmel hell und klar.
Der Wald steht schwarz und schweiget,
und aus den Wiesen steiget
der weiße Nebel wunderbar.

Seht ihr den Mond dort stehen?
Er ist nur halb zu sehen
und ist doch rund und schön.
So sind wohl manche Sachen,
die wir getrost belachen,
weil unsre Augen sie nicht sehn.

So legt euch denn, ihr Brüder,
in Gottes Namen nieder;
kalt ist der Abendhauch.
Verschon uns, Gott, mit Strafen
und laß uns ruhig schlafen
und unsern kranken Nachbar
auch.

Gute Nacht, Papa!
Gute Nacht, Anna!

„Erzähl mir eine Abendgeschichte, Papa!"
Der Vater schüttelt den Kopf.
„Erzähl du mir von dir, Anna!"
„Eine Geschichte von heute?"
„Ja, deine eigene Abendgeschichte."
Anna denkt nach und erzählt:

Heute, Papa, hast du mir einen Streich gespielt. Es war lustig. Doch zuerst habe ich geweint. Weil es Milchreis gab. Den mag ich ja nicht. Aber du hast gesagt: Iß doch wenigstens einen einzigen Löffel, vielleicht findest du eine Überraschung. Und dann sagtest du: Noch ein kleines Löffelchen, dann kommt die Überraschung zum Vorschein. Und so ging es weiter. Ich merkte gar nicht, daß ich immer mehr aß. Und die Überraschung war der dicke Bär, der auf dem Boden deines alten Kindertellers gemalt ist. Ich hatte ihn vergessen. Weil ich fast nie aus deinem alten Teller essen darf. Und dann gab's ja noch Apfelmus. Das mag ich sehr gern. Und soooo schlimm ist der Milchreis eigentlich auch nicht.

„Danke Anna, ich habe mir beim Kochen Mühe gegeben", sagt der Vater.
„Wollen wir deine Geschichte mitnehmen in unser Abendgebet?"

Guter Gott,
den Reis hast du wachsen lassen,
auch die Äpfel für das Apfelmus.
Andere Menschen haben Hunger.
Viele Kinder sterben,
weil sie nichts zu essen haben.
Gott, das ist ungerecht;
wir möchten es ändern.
Sei bei allen Menschen,
den satten und den hungrigen.
Wir sind satt.
Aber wir haben Hunger nach dir.
Amen.

Gute Nacht, Anna! Gute Nacht, Papa!

„Erzähl mir eine Abendgeschichte, Mama!"
Die Mutter schüttelt den Kopf.
„Erzähl du mir von dir, Anna!"
„Eine Geschichte von heute?"
„Ja, deine eigene Abendgeschichte."
Anna denkt nach und erzählt:

Als ich heute die Äpfel nach oben zu Frau Ludwig trug und klingelte, dauerte es lange, bis sie die Tür öffnete. Aber ich hörte sie sofort: Tap-tap-tip. Tap-tap-tip. Ich versuchte es mit meinen Füßen auch. Aber meine Füße machten nur: Tap-tap, tap-tap. Wie machte das die Frau Ludwig: Tap-tap-tip, tap-tap-tip? Da ging die Tür auf. Jetzt wußte ich es. Errätst du es auch, Mama? Tap-tap: das waren ihre beiden Schuhe, die alten Schnürstiefel. Tip: das war ihr Stock. Sie lachte, als sie mich sah. Dann hielt sie das Körbchen mit den Äpfeln in der einen, den Stock in der andern Hand. So konnte ich ihr nicht die Hand geben. Da beugte sie sich zu mir herunter und gab mir einen Kuß. Ihre Haut war rauh, ihre grauen Haare waren borstig. Ich quietschte. Aber Frau Ludwig machte ihr liebes Gesicht. Ich sagte schnell „Wiedersehn" und rannte hinunter. Ich hörte tap-tap-tip…

„Vielleicht ißt Frau Ludwig vor dem Einschlafen einen Apfel von uns und denkt an dich", sagt die Mutter. „Wir wollen deine Geschichte hineinnehmen in unser Abendgebet."

Gott,
du hast die Menschen lieb,
du hast sie lieb wie eine Mutter,
die für ihre Kinder sorgt.
Wie ein Vater,
der seine Kinder nicht vergißt.
Du hast die kleinsten Kinder lieb
und auch die Alten, die am Stock gehen.
Auch ihre rauhe Haut hast du lieb.
Manchmal schickst du ihnen eine kleine Freundin. Das ist gut. Amen.

Gute Nacht, Anna! Gute Nacht, Mama!

„Erzähl mir eine Abendgeschichte, Anna!"
Anna schüttelt den Kopf.
„Erzähl du mir von dir, Mama!"
„Eine Geschichte von heute – von uns beiden?"
„Ja, unsere Abendgeschichte, das ist schön."
Die Mutter denkt nach und erzählt:

Heute hast du gefragt: Mama, warum heißt du Mama, und warum heiße ich Anna? Und weil ich dir das nicht erklären konnte, spielten wir das Vertauschspiel. Für Mama sagten wir Stuhl, Anna hieß Tisch, die Milch hieß Blume, das Brot Baum und für Haus sagten wir Katze. Und ich sagte in der Vertauschsprache: Tisch, iß endlich den Baum und trink die Blume, dann mußt du aus der Katze gehen. Du dachtest lange nach. Ich half dir und flüsterte: Anna, iß endlich das Brot und trink die Milch, dann mußt du aus dem Haus gehen. Dann nahmst du das Haus auf deinen Schoß und sagtest langsam: Liebes Haus, bleib beim Stuhl und beim Tisch und trink Blume. Das heißt: Liebe Katze, bleib bei Mama und Anna und trink Milch. Das ist ganz schön schwierig! sagtest du. Und ich sagte: Ja, die Sprache ist ein Wunder.

Anna seufzt: „Können wir diese Geschichte auch mitnehmen in unser Abendgebet?" „Sicher!" sagt die Mutter. „Gott versteht alle Sprachen."

Guter Gott,
wir haben Wörter für alle Dinge,
wir haben die Sprache.
Wir haben viele Sprachen.
Nur der Mensch kann sprechen.
Das ist ein Wunder.
Wir können zueinander sagen:
Ich hab dich lieb.
Wir alle haben einen Namen.
Mein Name gefällt mir.
Danke, guter Gott. Amen.

Gute Nacht, Mama! Gute Nacht, Anna!

Mutter und Vater sitzen an Annas Bett.

„Heute morgen war es langweilig. Ihr habt so lange geschlafen", sagt Anna.

„Heute morgen hab' ich es gut gehabt. Anna hat mich geweckt. Sonst bin ich als erste wach", sagt die Mutter.

„Heute morgen war es sehr schön. Als ich noch halb schlief, stieg ein kleines Mädchen zu mir ins Bett. Ich glaube, es hieß Anna", sagt der Vater.

„Heute gingen wir zusammen in ein großes Haus mit einem Turm", sagt der Vater.

„In dem Haus hörten wir Geschichten und sangen Lieder", sagt die Mutter.

„Und das Haus war die Kirche. Das Haus gehört Gott", sagt Anna.

„Der ganze Tag gehört Gott", sagt die Mutter.

„Nein, der Tag gehört der Sonne", sagt Anna. Sie lacht. „Er heißt Sonntag." Und der Vater sagt: „Er gehört dir und mir und uns allen und auch dem lieben Gott. Er war schön, dieser Tag. Wollen wir Gott in unserem Abendgebet dafür danken?"

Gott,
der Sonntag ist schön,
manchmal lustig,
manchmal auch ein bißchen langweilig.
Hilf uns verstehen, daß er dein Tag ist,
du hast ihn uns gegeben,
damit wir Zeit haben zum Spielen,
Zeit zum Ausruhen, Zeit füreinander,
Zeit für dich, Gott. Danke!
Bleibe bei uns und bei allen Menschen,
wenn morgen die Arbeit wieder beginnt. Amen.

Gute Nacht, Papa! Gute Nacht, Mama! Gute Nacht, Anna!

Nachwort für Eltern und Erzieher

Jeden Abend erzählen sich Anna und ihre Eltern, was sie am Tag erlebt haben. Einmal ist es Anna, die beginnt, andere Male der Vater oder die Mutter: Kleine Geschichten von wichtigen, aber auch unscheinbaren Begebenheiten!

Unmerklich kommt dabei jedes Mal ein anderes Thema zur Sprache: die Naturgewalten (in Blitz und Donner), die Wunder der sich stets erneuernden Erde (Samen im Frühling), unsere Nahrung (und der Hunger anderer!), die Dunkelheit der Nacht und der Mond (es gibt Dinge, die „nur halb zu sehen" sind), Hund und Katze, Ausländer unter uns, Streit und Rollenfixierung (Kindergartenszene), „Was der Mensch alles kann" (von der Feuerwehr bis zur Medizin), die Begegnung mit alten Menschen, unsere Beziehung zur Sprache, der Sonntag. Bei all diesen Themen geht es um das Verarbeiten von Erlebnissen des Tages — ein Vorgang, den man jedem Kind vor dem Schlafen wünschen möchte, auch wenn es auf improvisiertere Weise als in diesem Buch geschieht.

Nach jeder kleinen Geschichte kommt von Annas Mutter oder Vater refrainartig die Frage: „Wollen wir die Geschichte hineinnehmen in unser Abendgebet?" Darauf könnte ein schon bekanntes festgeformtes Kindergebet folgen, das durch das vorangehende Gespräch und die kleine Geschichte eine neue Dimension erhält. An sich sind wir, wenn wir beim Abendritual kindliches Leben und das Reden mit Gott zusammenbringen, schon im Mittelpunkt der christlichen Erziehung.

Die hier vorliegenden Texte gehen einen Schritt weiter. Der Erwachsene, der mit dem Kind betet, stellt die betreffenden Inhalte ausdrücklich hinein in die Beziehung zu Gott und formt im Gebet das recht Spezielle kindlichen Erlebens um zum Allgemeinen, so daß aus dem Erzählen

bewußtes Denken, Loben, Bitten und Fragen wächst. Dadurch wird nicht nur der vergangene Tag reflektiert, sondern das Gottesbild des Kindes geformt. Kinder erfahren Gott, angefangen bei der Anrede im Gebet, immer wieder anders — als einen Gott, dem wir vieles zu verdanken haben, der seine Kinder liebt wie eine gütige Mutter, der uns beim Friedenschließen hilft, der in Jesus bei uns ist und uns ermuntert, Ungerechtigkeit zu sehen und zu verändern, Andersartige zu lieben.

So werden hier kleine Gutenachtgeschichten, zusammen mit einem kindgemäßen Dialog und den Gebeten zu einem elementaren Glaubensunterricht, der sich einerseits im Alltag, andererseits in der Gebetshaltung aufgehoben weiß. Es wäre meine Hoffnung, daß Kinder und Erwachsene über die hier erzählten Geschichten hinaus — zwischen Erinnern und phantasievollem Erfinden — weitererzählen und dabei Stimmungen, Freuden, Ängste und Probleme zur Sprache — und vor Gott bringen, vorerst vermutlich in Worten, die Erwachsene für das Kind suchen. Dies verlangt gleichzeitig großes Einfühlungsvermögen und das Bekennen eigenen Glaubens. Es ist eine unbequeme und doch bereichernde Aufgabe, die Vater und Mutter, auch Großeltern und Erzieherinnen immer wieder zum Nachdenken über den eigenen Standort führt.

Nicht nur Erzählen, Reden und Beten ist dabei wichtig, sondern auch das gemeinsame meditative Stillesein. Dazu möchten die *Bilder* dieses Buches auf besondere Weise anregen. Sie wollen den Geschichten nicht weitere Einzelheiten beifügen, sondern dem Kind Stimmungen vermitteln, seine eigene Phantasiewelt öffnen, vertiefen und unprogrammiertes Weiterdenken ermöglichen.

R.S.

CIP-Titelaufnahme der Deutschen Bibliothek

Gute Nacht, Anna / Regine Schindler. Bilder von Ivan Gantschev.
– 2. Aufl. – Lahr: Kaufmann, 1991
(Religion für kleine Leute)
ISBN 3-7806-2303-X

2. Auflage 1991 · © 1990 Verlag Ernst Kaufmann, Lahr
Alle Rechte vorbehalten · Printed in Germany · Umschlaggestaltung: Muki Jacob
Hergestellt im Druckhaus Kaufmann, Lahr
ISBN 3-7806-2303-X